......

......

......

......

......

......

......

......

......

......

......

......

......

......

......

......

......

......

......

......

......

......

......

......

......

......

......

......

......

......

......

......

......

......

......

......

......

......

......

......

......

......

......

......

......

......

......

......

......

......

......

......

......

......

......

......

......

......

......

......

......

......

......

......

......

......

......

......

......

......

......

......

......

......

......

......

. . . . . .

......

......

......

......

......

......

......

• • • • • •

......

......

......

......

......

......

......

......

......

......

......

......

Made in the USA
Monee, IL
15 December 2022

22064447R00057